Félix Lope de Vega y Carpio

La niñez
del padre Rojas

Créditos

Título original: La niñez del padre Rojas.

© 2024, Red ediciones S.L.

e-mail: info@red-ediciones.com

Diseño de cubierta: Michel Mallard

ISBN tapa dura: 978-84-9953-239-4.
ISBN rústica: 978-84-9816-197-7.
ISBN ebooks: 978-84-9897-728-8.

Cualquier forma de reproducción, distribución, comunicación pública o transformación de esta obra solo puede ser realizada con la autorización de sus titulares, salvo excepción prevista por la ley. Diríjase a CEDRO (Centro Español de Derechos Reprográficos, www.cedro.org) si necesita fotocopiar, escanear o hacer copias digitales de algún fragmento de esta obra.

Sumario

Créditos _____ 4

Brevísima presentación _____ 7
   La vida _____ 7

Personajes _____ 8

Jornada primera _____ 9

Jornada segunda _____ 43

Jornada tercera _____ 79

Libros a la carta _____ 109

Brevísima presentación

La vida

Félix Lope de Vega y Carpio (Madrid, 1562-Madrid, 1635). España. Nació en una familia modesta, estudió con los jesuitas y no terminó la universidad en Alcalá de Henares, parece que por asuntos amorosos. Tras su ruptura con Elena Osorio (Filis en sus poemas), su gran amor de juventud, Lope escribió libelos contra la familia de ésta. Por ello fue procesado y desterrado en 1588, año en que se casó con Isabel de Urbina (Belisa).
Pasó los dos primeros años en Valencia, y luego en Alba de Tormes, al servicio del duque de Alba. En 1594, tras fallecer su esposa y su hija, fue perdonado y volvió a Madrid. Allí tuvo una relación amorosa con una actriz, Micaela Luján (Camila Lucinda) con la que tuvo mucha descendencia, hecho que no impidió su segundo matrimonio, con Juana Guardo, del que nacieron dos hijos.
Entonces era uno de los autores más populares y aclamados de la Corte. En 1605 entró al servicio del duque de Sessa como secretario, aunque también actuó como intermediario amoroso de éste. La desgracia marcó sus últimos años: Marta de Nevares una de sus últimas amantes quedó ciega en 1625, perdió la razón y murió en 1632. También murió su hijo Lope Félix. La soledad, el sufrimiento, la enfermedad, o los problemas económicos no le impidieron escribir.

Personajes

Avaricia
Bernardo
Codicia
Constanza, madre de Simón
Crispín
Don Juan
El Vicio
Gabriel, ángel
Gregorio, hijo.
Gregorio, muchacho
Gregorio, padre de Simón
Gregorio, padre.
Gula
Ira
La Música
La Ociosidad
La Virtud
Lascivia
Marina, criada
Pereza
Simón
Soberbia
Un Religioso
Un Sacristán

Jornada primera

(Entren el Vicio y la Virtud.)

Vicio   Yo tengo de hacer mi oficio;
tú puedes el tuyo hacer.

Virtud   ¿Siempre habemos de tener
tú y yo pesadumbres, Vicio?

Vicio   Virtud, si tienes indicio
de que tiene condición
para seguirte Simón,
por lo mismo justamente
quiero yo por accidente
divertir su inclinación.
   El principio de la vida,
estos dos caminos tiene,
que somos tú y yo; pues viene
a su elección reducida,
no es razón que a mí me impida
tu pretensión el lugar
que intento solicitar.

Virtud   Pues ¿por qué has de pretender
con principios de placer
fines de tanto pesar?

Vicio   En su ser es cada cosa
perfecta.

Virtud   ¡Lindo argumento!

Vicio   Yo mi perfección intento.

Virtud   Pues ¿hay perfección viciosa?

Vicio   Esta máquina famosa,
                      compone de variedad
                      su hermosura.

Virtud   La maldad
                      nunca le ha dado hermosura;
                      que es la virtud casta y pura
                      su esplendor y majestad.
                         El me ha de seguir a mí.

Vicio   Dios no fuerza el albedrío;
                      luego con razón porfío
                      que no se vaya tras ti,
                      y tú no eres Dios.

Virtud   Pues di,
                      ¿quién a la virtud inclina,
                      fin a que el hombre camina?

Vicio   Deja la arrogancia vana,
                      que tú eres virtud humana,
                      y Dios es virtud divina.

Virtud   Cuando a la naturaleza
                      humana Dios se humilló,
                      la humana entonces subió
                      a su divina grandeza.
                      Quien con obras y limpieza
                      de corazón, humillado
                      llega a este monte sagrado,
                      así se transforma en él,

| | que aunque no es Dios como él,
es su imagen y traslado:
  por eso dioses se llaman
los hombres. |
|--------|---|

Vicio   ¿Y este Simón
            ha de ser Dios, en razón
            de serlo los que a Dios aman?

Virtud   Si por dioses los aclaman
            las divinas letras, hombre
            que ama a Dios, no hay por qué asombre
            que llegue a tal beneficio,
            o el sacerdotal oficio
            le dará de Cristo el nombre.

Vicio   Todo a envidia me provoca,
            y todo a intentar me obliga
            que te deje y que me siga.

Virtud   ¡Qué arrogancia necia y loca!
            Si Dios el alma le toca,
            como el principio contemplo,
            y quiere hacer, para ejemplo
            que a este siglo importe tanto,
            un catedrático santo
            del púlpito de su templo.

Vicio   ¿Un muchacho tartamudo
            elige Dios? ¡Qué perfeta
            lengua!

Virtud   Si Dios a un profeta
            que le dijo que era mudo,

                    darle aquella lengua pudo
                    que hoy tan desatada y diestra
                    la sacra página muestra,
                    ¿no podrá hacer que Simón
                    hable con tal perfección
                    que se confunda la vuestra?
                        ¿Hay para Dios imposible?

Vicio   Esta es su madre, y su hermano.

(Constanza y Gregorio, muchacho.)

Gregorio   Llevándole de la mano,
                    aun no puedo, ni es posible,
                        porque luego se me va,
                    y apenas miro por él,
                    cuando no hay memoria dél
                    ni en toda la calle está:
                        no esperes que sepa nada.

Vicio   Gregorio acusando viene
                    a Simón.

Virtud   Simón no tiene
                    culpa.

Constanza   A ti todo te enfada;
                        que has dado, Gregorio, en ser
                    deste muchacho fiscal.

Gregorio   ¿Dígolo yo por su mal?
                    ¿Quieres dejarle perder?

Constanza   ¿Es perderse, por ventura,

	irse a la iglesia?
Gregorio	Señora, la iglesia, en que Dios se adora, disculpa es santa y segura; pero domingos y fiestas no bastan; siempre ha de estar en la iglesia, y siempre dar por aparentes respuestas de no escribir ni leer, que oyendo misa pasó toda la mañana.
Constanza	Yo no le puedo reprender porque tenga devoción.
Gregorio	Pues ¿no le basta, señora, una misa, y no es un hora justa y bastante oración?
Constanza	Pues ¿qué es lo que hace?
Gregorio	Oír cuantas salen, de rodillas.
Virtud	¿Parécente maravillas que te pueden confundir, las que cuentan de Simón? ¿Estos principios ¡oh Vicio! impides?
Vicio	Este es mi oficio; venceré su inclinación.

Virtud   No harás, porque quiere Dios
que desde niño sea suyo.

Vicio   Ahora, Virtud, yo no arguyo
contigo; quien de los dos
  pudiere más, ése sea
el que merezca el laurel.

Virtud   Yo te aseguro que en él
sola mi virtud se vea.

(Vanse los dos.)

Constanza   Si me contaras, Gregorio,
que tu hermano era travieso
en algún notable exceso
que fuera a todos notorio;
  si jurar, como se usa
en muchachos desta edad,
que en los bríos, la piedad
de los padres halla excusa,
  y que Dios no ha de admitir,
sino permitir que vean,
o que en deshonras se emplean,
o en tiernos años morir;
  si me dijeras también
que el juego le divertía,
que ya es ciencia y gallardía
que un niño lo sepa bien,
  para que siendo mayor,
con infamia conocida,
pierda la hacienda, la vida,
y a vueltas della el honor,

	confieso que me pesara,
	y que yo le reprendiera,
	y no solo le riñera,
	mas también le castigara;
	pero porque desde agora
	se incline a servir a Dios...

Gregorio   Bien se ve a cuál de los dos
             te inclina el amor, señora;
                que a mí de su devoción
             no me pesa; mas ¿no es bien
             que asista Simón también
             a la escuela y la lección?
                Un muchacho tartamudo,
             ¿cómo podrá desatar
             la lengua sin estudiar?
             ¿Hase de quedar tan rudo,
                que aun no sepa el abecé,
             ni tome ejemplo de mí?

Constanza   Pienso que la causa fui
             que siempre en la iglesia esté;
                ofrecísele a la Reina
             del cielo, y pienso que ya,
             como prenda suya, está
             en el trono donde reina.
                ¡Cómo se ven los despojos
             y presentes ofrecidos!
             y aunque admire tus oídos,
             pocos dolores y enojos
                me costó su parto; y tanto,
             que por estas muestras creo,
             Virgen, que halló mi deseo
             puerta en vuestro puerto santo:

quiérele, Gregorio, bien;
y si él no fuere al escuela,
Dios en la oración revela
ciencias divinas también.

(Simón con un libro, vestido de color. ha de hablar tartamudeando.)

Gregorio ¡Cómo tu amor solicita
su remedio!

Constanza Ya lo he visto.

Simón ¡Loado sea Jesucristo
y la su Madre bendita!

Constanza La mano y la bendición.

Gregorio Si viniera de lección,
no trujera más sosiego;
de que en ese libro lea,
verás lo que aprende allá.

Constanza Con tal maestro, él sabrá
de Dios cuanto Dios desea;
leed la lección, Simón.

Simón Ando en la... latín agora.

Constanza Decid.

Simón Oiga, se... señora,
verá qué linda lección.

(Lea.) Ave... ve Ma... Ma... María.

Gregorio	¿A quién hay que esto no asombre?
Simón	Es que lo, dulce del nombre
	la lengua me detenía.
	Ave María, gra... gra...
	tia ple... plena Do... Domi...
	nus te... tecum, benedi.
Constanza	No leas más; bien está,
	porque el natural defeto
	no es culpa en ti.
Gregorio	Con tu amor
	le sufres.
Constanza	¡Bravo rigor!
	¡Que me enojas te prometo!

(Vanse los dos.)

Simón	Siempre a mi hermano parecen
	to... todas mis cosas mal.
	Tiene razón: yo soy tal,
	que mu... mucho más merecen.
	Mas pues solo me han dejado,
	yo me quiero entretener.
	¿Qué haré? Mas ¿qué puedo hacer,
	co... como ver el traslado
	de quien solo para mí
	tie... tiene luz y hermosura,
	que en un cuadro de pintura
	tienen mis padres aquí?

(Corra una cortina a una tabla de la Anunciación.)

    ¡Vi... Virgen, limpia azucena,
a quien ta... tal hizo Dios,
que el ángel que está con vos
os llama de gracia llena!
Sa... sabed que me da pena
fa... faltarme lengua agora
para alabaros, Señora;
pero en esta me... me... mengua,
lo que no puede la lengua,
dirá el alma que os adora.
    Si la tuviera cla... clara,
¡qué de cosas os dijera,
que lo que yo no supiera,
ese ángel me lo enseñara!
¡Ay, quién os re... requebrara!
¡Ay, quién fuera tan dichoso
que os mostrara su amoroso
pe... pecho, Virgen, aquí,
cuando estáis diciendo sí
a vuestro querido Esposo!

(Cúbrase la cortina de la tabla, y detrás de ella salga un ángel en el aire con un rótulo que diga: «Ave María», puesto en una flecha con unos rayos de oro como fuego.)

Ángel   Porque a nuestras jerarquías
admire un alma deshecha
de amor por eternos días,
abre con aquesta flecha
la boca, nuevo Esaías.
    Oyó la Estrella del Mar,
Simón, tu devoto ruego,

      que porque puedas hablar,
      tomé este divino fuego
      de más soberano altar.
        ¡Habla, no te ponga en calma defeto
      de cuya mengua;
      hoy lleva tu amor la palma,
      para que diga la lengua
      los sentimientos del alma!
        ¡Habla, que aunque a Dios le toca
      el juzgar el pensamiento,
      siendo amor quien te provoca,
      quiere que tu sentimiento
      salga también a la boca!
        ¡Lengua en quien tanto tesoro
      de requiebros se ha de ver,
      dore y queme fuego y oro,
      hasta que vayas a ser
      uno del celeste coro!
        Que con ellos algún día
      ceñirá laurel tu frente,
      para que en su compañía
      alabes eternamente
      a nuestra Reina María.

(Todo este tiempo esté Simón elevado, y el ángel le tenga el dardo o flecha puesto en la boca, y en partiéndose, diga:)

Simón   ¡Agora, hermosa Virgen, que desata
                 mi lengua vuestra mano, aunque no veo
                 quién hizo este milagro en mi deseo,
                 en vuestras alabanzas se dilata!
                   Un dardo de oro, un rótulo de plata
                 con vuestro nombre, en quien el alma empleo,
                 me abrió la boca; pues a tal trofeo,

palabra os doy que no responda ingrata.
  ¡Será, Señora mía, celebrado
de vuestra Anunciación el dulce día,
de suerte, pues la lengua me acrisola,
  que cuantos hasta agora os han llamado,
ángeles y hombres, celestial María,
no igualen juntos a mi lengua sola!

(Crispín, criado, entre.)

Crispín   Basta, Simón, que ya has dado
en ser contra mí de modo,
que me has de acusar en todo.

Simón   ¡Yo, Crispín! ¿Quién te ha engañado?

Crispín   ¿Por qué dijiste ¡ah, señor!
que hablé a solas con Marina?

Simón   Siempre el temor adivina,
que es astrólogo el temor.
  ¡Como te sientes culpado,
échasme la culpa a mí!

Crispín   De la cocina salí
para siempre desterrado.
  Y está contra mí tan fiera,
que cuando a la puerta llego,
en vez de espada de fuego,
con un asador me espera;
  si bien es ángel tiznado,
yo perdí mi paraíso.

Simón   Que no he sido yo, te aviso,

en tu destierro culpado;
   demás de que no es razón
(no digo que las retozas)
que los mozos con las mozas
estén en conversación;
   ¿otros entretenimientos
no puedes en casa hallar?
Siempre, Crispín, has de estar
entre bajos instrumentos:
   al jabonar, al torcer,
al guisar, a todo, en fin,
¿siempre te has de hallar, Crispín?

Crispín   ¿De cuándo acá sueles ser
   tan suelto de lengua? ¿Quién
te la desató, Simón,
que hablas con tal perfección?

Simón   ¿Hablo ya bien?

Crispín   Y muy bien.

Simón   Estando mirando al cielo,
no porque lo viese yo,
un fénix me pareció
que abrió su dorado velo;
   bajó entre arreboles rojos,
moviendo las alas bellas,
que esmaltaban más estrellas
que al pavón sus verdes ojos;
   quedó el aire matizado
de más luces y colores
que suele de varias flores
por abril ameno prado.

>   En el pico de rubí,
> me pareció que traía
> una flecha, que me abría
> la boca, diciendo ansí:
>   «Ave María, Simón»;
> y que luego respondía
> en ecos: «Ave María»,
> por el aire un escuadrón
>   de pintados jilguerillos,
> calandrias y ruiseñores,
> que me enseñaron amores:
> adiós, que voy a decillos.

(Vase.)

Crispín   Excelente inclinación
> tiene este rapaz. ¡Qué cosas
> tan raras y prodigiosas
> nos dice en toda ocasión!
>   ¡Qué devotos pensamientos!
> No habla palabra en vano.

(Marina, criada, entre.)

Marina   Bien pueden comer temprano.
> ¡Bendiga Dios los alientos!
>   ¿Aquí estás?

Crispín   Pues bien, ¿qué quieres?
> ¿Llega tu jurisdicción
> hasta aquí? ¡Terribles son
> las leyes de las mujeres!

Marina   ¿No te he dicho que has de estar

	seis pasos de la cocina?
Crispín	¿Seis pasos?
Marina	Seis, pues.
Crispín	Marina, los pasos quiero contar.
Marina	Desvíate allá, no seas tan prolijo.
Crispín	¿En qué te ofendo? Que si no es amor, no entiendo que en otras culpas me veas; amor me trae, Marina, entre carbón y jabón.
Marina	Ya sé yo, Crispín, que son amores de la cocina; que si lo fueran por mí, no hablaras con quien tú sabes.
Crispín	¡Por esas niñas, más graves que los ojos del Sofí, que no hablaba con Inés menos que en ti! ¡Sí, celosa, te has mostrado desdeñosa! Háblame, y pidan tus pies un zapato que compita con los que se pone el Sol, porque los haré crisol del oro que los derrita; darélos chinela abierta,

	que con nacarada cinta descubran a presa y pinta plantas de tan linda huerta; ea, voylos a comprar.
Marina	¿Hablará más a Inesilla?

Crispín	Si a fregatriz de la villa
	llegare en mi vida a hablar,
	   que vuelva a cumplir de nuevo
	aquel destierro, Marina,
	de tu más limpia cocina
	que los palacios de Febo,
	   que así sus cabellos peina
	sobre tu limpio fregado,
	que en tus manos se ha llamado
	Talavera de la Reina.
	   Ea, no haya cucharón
	ni asador de aquí adelante.

Marina	Ya estoy blanda como un guante; lleve este abrazo el perdón.
(Entre Simón.)	
Simón	¡Ave María! ¿Qué es esto?
Crispín	¡Cogiónos!
Marina	En la cocina te espero.
Crispín	Allá voy, Marina.

Simón   ¿Qué es esto?

Crispín   Un amor honesto,
dos que casarse procuran.

Simón   Pues antes...

Crispín   ¿Esto te altera?
Son abrazos de la vera,
que antes de tiempo maduran.

(Váyase Crispín.)

Simón   ¡Virgen, mi Señora y Reina,
quién tuviera entendimiento
para hacer dulces discursos
de tantos méritos vuestros,
el día que el Ave sacra,
Iris del celeste reino,
saludó vuestra pureza
y admiró vuestro silencio!
justo fue que fuese un ángel
de tan noble Sacramento
nuncio; la virginidad
tiene limpio parentesco
con la alta Naturaleza
Angélica; y fuera desto,
como vino a la mujer
primera Luzbel, soberbio,
en forma de sierpe, es justo
que a vos, Reina de los cielos,
viniese Gabriel, y fuesen
veneno y remedio opuestos:
dividida ¡oh, gran Señora!

la salutación contemplo
en tres partes: la primera,
el ángel viene diciendo:
«Ave llena de la gracia
que te dio merecimiento
para que esté Dios contigo
y los dos polos diversos
te llamen siempre bendita
entre cuantos son y fueron
y serán eternamente.»
La segunda parte veo
en Isabel, vuestra prima,
bendiciendo el fruto vuestro;
¡y qué fruto, y qué Jesús,
y qué hermoso. le contemplo,
por el cristal soberano
del intacto y virgen velo,
en los ojos del Bautista,
lince ilustre, contrapuesto
al Evangelista santo
que vio su divino pecho!
¡Qué extraños linces de amor,
un Juan, por nacer despierto,
como le llamaba el Sol,
y otro en la cena durmiendo!
La tercera parte tiene
la Iglesia santa, añadiendo
al Ave el nombre, o María,
por reverencia y respeto;
Ángel, Isabel, Iglesia,
altamente compusieron
tan dulce salutación;
que a todos tres, en efeto,
rigió el Espíritu Santo:

¡Qué soberanos misterios!
un ángel viene, ¡y qué ángel!
Gabriel, porque mensajero
de tal nueva, no era justo,
Señora, que fuese menos;
y ¿a qué Virgen? A María;
¿cómo aquí no me enternezco
con este nombre, y el alma
va por los ojos saliendo?
Recrea, nombre divino,
estos labios, dame aliento,
pues desataste mi lengua
con tu soberano fuego;
no hable palabra yo
desde mis años primeros
sin tu nombre, pues con él
a tu dulce Jesús tengo;
que si vos, Virgen hermosa,
le tenéis en vuestro pecho,
y yo os tengo a vos, ¿quién duda
que en este anillo poseo
oro y piedra, perla y nácar,
Madre e Hijo, Sol y cielo,
cielo animado por quien
tal esperanza poseo?
Ave, pues, que en decir Ave,
vuestra inocencia confieso,
y en que Dios está con vos,
vuestro divino concepto,
pues cuando os llamo bendita
en tan nuevo privilegio,
el de vuestra concepción,
con piedad adoro y creo;
y si cuanto pudo daros

os dio, no es, Virgen, exceso
persuadir esta excepción
al humano entendimiento.
Virgen, yo soy ignorante;
¿adónde hallaré maestro
que me enseñe y que me guíe?

(Gabriel entre.)

Gabriel   ¡Simón!

Simón   ¿Quién es?

Gabriel   Yo, que vengo
a ser compañero tuyo.

Simón   ¿Tan ilustre compañero
ha de tener mi ignorancia?

Gabriel   ¿Conócesme bien?

Simón   Yo pienso
que ilustráis con esa luz
mi corto conocimiento.

Gabriel   Tus padres quieren que estudies;
que les parece que es tiempo
de pensar en que sus hijos
elijan estado.

Simón   Creo
que no me pudieran dar
amigo como vos, ellos,
porque de manera os miro,

que pienso que al cielo os debo.

Gabriel La devoción de María,
tan grande en tu pecho tierno,
me ha movido a darte luz,
y quiero estar asistiendo
tu entendimiento y lengua;
que puesto que forme cuerpo
en tu idea de la luz
con que ilumino y despierto
tus potencias, no has de verme,
aunque hablemos y tratemos
muchas cosas de María;
pero puedes estar cierto
que como con Gabriel hablas,
su divino mensajero.

Simón Hablemos los dos en ella;
que a mí me basta que hablemos
para saber que eres luz,
y siendo luz, cierto quedo
que me has de alumbrar.

Gabriel Sí haré.

Simón Cuando vocalmente rezo,
o hablo con Dios mentalmente,
le imagino como puedo
por las pinturas que he visto,
aunque Dios no tiene cuerpo;
y así, con imaginarte,
serás tú mi compañero,
y hablaremos en María,
porque todo mi deseo

	se dirige a su alabanza.
Gabriel	Pues escucha.
Simón	Estoy atento.
Gabriel	María, la primera,

de la virginidad, con altos nombres,
levantó la bandera.
Jesús fue las primicias de los hombres,
Ella de las mujeres,
pureza celestial que seguir quieres.
   Con saber que sería
Madre de su Criador, siendo criatura,
no quiso dar María
el sí a Gabriel, hasta quedar segura
su limpieza guardada,
con palabra de Dios asegurada.
   ¿Qué mayor excelencia
que con decirle el ángel que sería,
por alta preeminencia,
Madre de Dios, la celestial María
estimase tan presto,
más que tal dignidad, su pecho honesto?
   Pero el Señor divino,
que la escogió por Madre y por Esposa,
que lo fuese previno
intacta siempre, como siempre hermosa;
que mancha no podía
llegar al cuerpo de quien Dios nacía;
   hizo Dios los primeros
padres para habitar el Paraíso,
retratos verdaderos
de su misma hermosura, y ansí quiso

    que al alma entonces pura
respondiese la humana arquitectura;
    pues ¿cómo, dime, haría
la casa al alma de la Virgen bella,
    de la hermosa María,
si él mismo había de habitar en ella;
    con cuál correspondencia
la fábrica exterior a su inocencia?
    Piensa de qué manera
aquella carne cándida sería
    pura, hermosa y entera,
de quien la humanidad de Cristo había
    de tomar el vestido,
a su divinidad sagrada unido.
    A sus hermosos ojos
se humilla el Sol, se postran las estrellas
    como humildes despojos;
ni hay luz en él, ni resplandor en ellas;
    a su boca divina,
el purpúreo clavel su esmalte inclina;
    ocho azucenas tienes
cada vez en la tuya venturosa,
    que saludar previenes
la Reina de los Ángeles hermosa.
Tres de las letras de Ave,
    cinco en María, mar de amor suave.
    Pues si de ocho azucenas
se enriquecen los labios de tu boca,
    de granos de oro, llenas,
justo amor de la Virgen te provoca;
    que siendo tú mi amigo,
el saludarla partiré contigo.

(Quedándose Simón suspenso, mirando al ángel, entren Gregorio y Constanza, sus padres.)

Gregorio
    Ya que Dios le desató
    la lengua, que estudie quiero,
    pues de su virtud espero
    lo que a los dos prometió
      maravilla tan extraña.

Constanza
    No os engaña la opinión
    de la humildad que a Simón
    su entendimiento acompaña:
      Aquí está. ¿Qué haces aquí?
      Habla, muchacho. ¿Qué tienes?
      ¿No hablas?

Simón
      A tiempo vienes,
    Madre, que pensaba en ti;
      digo, Madre celestial,
    que estaba pensando en vos,
    nácar de la perla Dios,
    de su Sol limpio cristal.

Constanza
    ¿No ves a tu padre aquí?

Simón
    ¡Oh, señor!

Gregorio
      De hoy más, Simón,
    que estudies será razón,
    que conozco ingenio en ti.
      ¡Crispín!

(Entre Crispín.)

Crispín	¡Señor!
Gregorio	Yo querría mostrarte que te he criado.
Crispín	El ser que tengo me has dado.
Gregorio	Quiero que desde este día vayan Gregorio, y Simón al estudio, y tú con ellos.
Crispín	¿Yo al estudio?
Gregorio	Sin perdellos de vista en toda ocasión; que yo los fío de ti; y de camino podrás estudiar, que ganarás más que sirviéndome a mí, y no hacello será error.
Crispín	¡Yo estudiar! Pues ¿a qué fin, con ingenio de rocín y barbas de tejedor?
Gregorio	Para aprender nunca es tarde; también que les busques quiero un ayo, que es lo primero, que con cuidado los guarde de los vicios que el ejemplo de otros causa en tal edad.
Crispín	Ese con su autoridad, que ya tan grave contemplo,

    podrá llevar y traer
estos nuevos estudiantes;
que yo, aunque tú me levantes
a otro ser, ¿qué puedo ser?
    ¿Seré médico? No tengo
conciencia para curar,
porque esto se ha de estudiar;
¡y yo tan forzado vengo!
    ¿Y si por descuido mío
se muere el enfermo acaso,
y por no estudiar el caso
le receto un desvarío?
    Si le sangro sin por qué,
o purgo sin saber cuándo,
y a su mujer, ya expirando,
digo que a comer le dé,
    ¿es buen oficio, señor?
¿Ganaré bien el dinero?
Pues si ser letrado quiero,
¿será el peligro menor?
    Aquel ver que me transforma
amor a cualquier delito;
aquel no juzgar lo escrito,
sino lo que el otro informa;
    que hay hombre que a su contrario
infama con los jueces,
de suerte que muchas veces,
o se hace pleito ordinario,
    o se pierde la justicia
por no advertir al proceso,
sino al odio, cuyo exceso
causó la ajena malicia;
    pues luego ver que cualquiera
que defienda una mujer,

o su mancebo ha de ser,
o ser su galán espera,
 ¿no es cosa para sufrir?
¿Ni el ver que a puros engaños
dure el pleito tantos años
que llegue el dueño a morir?
 Pues si astrólogo he de ser,
¿qué provecho me ha de dar
el querer pronosticar
lo que no puedo saber?
 Porque si de aquí a Granada
yerro con mucho desvelo
el camino, ¿de aquí al cielo
será más fácil jornada?
 Pues ¿qué he de ser, por ventura,
un triste gramaticón?

(El Vicio entre de estudiante.)

Vicio   Estos presumo que son:
           la suerte viene segura:
            a mi noticia ha venido
           que un ayo mandáis buscar,
           para honrar y acompañar
           vuestros hijos; yo he tenido
            seis años cargo y cuidado
           de los del señor don Juan,
           donde pienso que os dirán
           qué letras los he enseñado,
            qué virtudes y costumbres.

Gregorio   Gregorio y Simón han de ir
           al estudio, y proseguir,
           por sus difíciles cumbres,

35

| | la Facultad a que viere
que tienen inclinación. |
|---|---|
| Gabriel | Di que no quieres, Simón,
porque éste es el Vicio, y quiere
　inclinar a ociosidad
el principio de tu vida. |
| Simón | Yo tengo en ti defendida
mi vida y mi voluntad;
　no he menester otro ayo. |
| Gabriel | Yo sé muy bien que éste fuera
de tu tierna edad primera,
furia, perdición y rayo. |
| Simón | 　Señor, no gastes agora
tu dinero en vanidades;
que tales autoridades
la docta humildad ignora;
　basta que vaya Crispín
a acompañar a los dos. |
| Vicio | Simón, si yo os quiero a vos
enseñar griego y latín
　sin interés ni salario,
¿por qué de mi compañía
no os preciaréis? |
| Simón | 　A la mía
no es agora necesario
lo que vos pensáis de mí;
que tengo mejor maestro,
en tantas virtudes diestro |

	como ciencias.
Vicio	Créolo ansí; pero yo puedo enseñaros urbanidad, cortesía y buen gusto.
Simón	Yo querría, hidalgo, desengañaros de que ya os he conocido.
Gregorio	¡Crispín!
Crispín	¡Señor!
Gregorio	A sacar vestidos que os quiero dar; venid conmigo.
Crispín	¿El vestido me quieres mudar agora?
Gregorio	Pues, ¿no has de ir como estudiante?
Constanza	No es el hábito importante, Crispín.
Crispín	Es verdad, señora; pero es también religión esto de ser escolar, y si se llega a dejar, piérdese mucha opinión; pero vamos, que por dicha, daré honor a mi linaje,

| | si no es que el paso me ataje
mi rudeza o mi desdicha. |
| -------- | ---------------------------- |
| Simón | ¿No estudiarás Teología
después conmigo? |
| Crispín | Sí haré;
pero dime, ¿para qué
en tanta rudeza mía? |
Simón	Para oponerte a un curato.
Crispín	¿Yo cura?
Simón	Pues ¿por qué no?
Crispín	Ni aun sacristán pienso yo,
con ser oficio barato;
aunque por mejor tendría
el hisopo, la caldera
y los kiries, si cayera
Todos Santos cada día.

(Vanse; queden el Vicio y Gabriel.)

Gabriel	¡Vicio!
Vicio	¿Quién es?
Gabriel	¿No me ves?
Vicio	Veo, mas no quiero verte.
Gabriel	¿No te dijo la Virtud

	que a esta casa no vinieses?
Vicio	Dijo; pero ¿cuándo yo, a la Virtud obediente, respeté lo que me manda?
Gabriel	¿Sabes lo que Dios previene hacer desta tierna planta?
Vicio	Como desas plantas suelen helársele a Dios.
Gabriel	A Dios no hay planta que se le hiele si Él la tiene destinada a lo que della pretende.
Vicio	Como desos cedros altos, el monte Líbano tiene, que ha derribado a la tierra con la segur del deleite.
Gabriel	Este vive aquí seguro; que sus padres fueron siempre virtuosos.
Vicio	¿Qué virtudes de mí defenderle pueden? ¿No era el cielo más seguro? ¿No son eternos los ejes, en que sus polos dorados, eternamente se mueven, y cayó Luzbel de allí, sin que la luz le valiese

con que Dios había ilustrado
su aurora en su claro Oriente?
Este muchacho, hasta agora
no puedes decir que pierde
lo que tiene granjeado,
porque yo su vida inquiete;
el comienza la virtud,
puede en su senda ponerle;
déjenme poner la mía,
y siga la que quisiere;
Dios le dio libre albedrío,
¿por qué lo que Dios pretende
no ha de ser? Pero entretanto
déjame saber si vencen
tiernos años, mis halagos;
que si vuestro Pablo advierte
que no se ha de coronar
el que legítimamente
no peleare, razón
será que Simón pelee;
¿No dijo el otro poeta
que era casta solamente
la que ninguno rogaba?
Pues deja que yo le ruegue;
cueste la cándida palma
de virtud tan excelente,
trabajo; que el ser los hombres
ángeles, no se concede
sin entrar en la batalla;
solos dos el cielo tiene
preservados con razón,
y éstos fue fuerza que fuesen
uno Dios, y otro su Madre,
que respeto virgen siempre;

            que si al nombre de su Hijo
            es justo que le respeten
            cielos, hombres y demonios,
            justa humillación le deben
            a María, aunque latría
            a Dios y a su cruz reserven;
            entre Simón en batalla;
            déjame a mí, ¿qué me quieres?

Gabriel   ¡Oh, bestia! ¿Cómo has de hallar
            David, niño tan valiente,
            que con la piedra esmeralda
            de su castidad, te quiebre
            la frente de tu soberbia?

Vicio   Si me quebrase la frente,
            otros habrá, cuyos vicios
            de sus virtudes me venguen.

            Fin de la primera jornada

Jornada segunda

(Simón, de estudiante, y Crispín, de gorrón.)

Crispín ¿Para qué es bueno reñirme,
Simón, si no puedo más?

Simón Tan rudo, Crispín, estás,
que no puedo persuadirme
 que por tu culpa no sea.

Crispín ¿Mi culpa? ¿Qué puedo hacer?

Simón Es imposible saber,
el que saber no desea.

Crispín De tu padre y mi señor,
fue mi voluntad forzada.

Simón La ciencia es mal empleada
en quien no la tiene amor.

Crispín Tú y Gregorio sois extremos
de habilidad; yo un rocín.

Simón Los dos, estudiando, al fin
la Gramática sabemos,
 y por la Filosofía
vamos ya entrando, y tú estás
en menores, que no das
muestras de saber un día
más que el primero que entraste
en escuelas, y esto ha sido
tu negligencia y olvido.

Crispín	No hay cosa que más me gaste el respeto y la paciencia, que verme culpar sin culpa.
Simón	Bien dices, que es gran disculpa tu ignorancia e inocencia; para engañar y mentir, para enredos, no te falta habilidad.

Crispín	Esa falta
	es la gala del servir;
	pero no tienes razón,
	pues no me puedes poner
	más faltas que no tener
	al estudio inclinación.
	   Ese globo universal
	en que se mueven los cielos,
	infunde a nuestros desvelos
	la inclinación natural;
	   y fue divino artificio;
	que, de otra suerte, no hubiera
	ni quien la guerra siguiera,
	ni ejercitara un oficio.
	   Verás un hombre que trata
	de cavar, o ser pastor,
	que pudiera ser mejor
	platero de oro o de plata,
	   y no fue más de que allí
	le llamó la inclinación.
	No todos los hombres son
	estudiantes.

Simón	Es ansí; pero ya que esto no sea, ¿qué virtudes ejercitas? ¿Qué enfermos, Crispín, visitas?
Crispín	¿No basta, Simón, que lea en libros de devoción?
Simón	¿Tú?
Crispín	Yo, y aún tengo en el pecho alguno.
Simón	Placer me has hecho, porque tales libros son maestros de la virtud. Será fray Luis de Granada, en cuya lección sagrada tendrás doctrina y quietud. ¿Cuál dellos es, por mi vida?
Crispín	Contentus mundi.
Simón	¡Excelente! Muestra; a ver.
Crispín	Tente, detente.
Simón	Pues ¿qué puede haber que impida el verle?
Crispín	Ya me has rasgado, la sotana; suelta, pues.

(Sáquele una baraja de naipes.)

Simón   ¿Este es libro?

Crispín   Libro es,
mas está descuadernado.

Simón   Contentus mundi, Crispín,
es éste, bien se le ve.

Crispín   En eso no te engañé,
hablando en mi mal latín.

Simón   Contemptus, ¿no significa
el desprecio?

Crispín   Así es verdad;
pero acá mi habilidad,
a lo que suena le aplica,
y si apuestas letras son
las que el mundo estima y ama
contentus mundi se llama
este libro con razón.

Simón   ¡Buen latín has estudiado!

Crispín   ¿Ves este libro, ¡por Dios!,
que es ciencia que a más de dos...?

Simón   Calla, que me has enojado.

Crispín   Aristóteles, Platón
y otros, de todo escribieron;
mas dime, ¿cómo no dieron

| | en esta rara invención?
| | ¿Cómo de todas las ciencias
| | hay libros, y desta no?
| | Porque en ella pienso yo
| | que hay notables diferencias;
| | de la república humana
| | es imitación famosa
| | una baraja.

Simón   ¡Qué cosa
             tan necia, torpe y villana!

Crispín   Espadas, son la milicia;
             oros, trato y fundamento;
             copas, el común sustento,
             y los bastos, la justicia.
               Hay reyes, que es monarquía
             de gobiernos verdaderos;
             caballos y caballeros,
             entre tanta infantería,
               tienen el lugar segundo,
             como de su nombre infieres,
             y porque sin las mujeres
             no se conservara el mundo,
               porque el parir y el criar,
             que es su aumento, les tocó,
             a las sotas se les dio
             su nombre en tercer lugar.

Simón   ¡Qué moralidad tan rara!
             ¡Con qué gusto la refieres!

(Gabriel entra.)

Gabriel	Escucha, Simón.
Simón	¿Qué quieres?
Gabriel	Un punto solo no para este estudiante vicioso en quereros divertir.
Simón	A mi hermano da en seguir; pero él es tan virtuoso, que no le podrá inclinar a lo que el necio pretende.
Gabriel	Mucho su amistad me ofende.
Simón	Poco le puede durar; yo, como hermano menor, no he tomado atrevimiento de decirle lo que siento, que le escuche y tenga amor.
Gabriel	Ya que te sirvo de guía, aunque ninguno me ve, llevo sin gusto que esté tanto en vuestra compañía.
Simón	Tus consejos interiores, del cielo divinas lumbres, son alma de mis costumbres, ya por tu causa mejores: déjale, amigo, cansar, que tú nos verás vencer.

(Gregorio y el Vicio, de estudiantes.)

Gregorio	No sé yo que el componer pueda ser más que imitar.
Vicio	Tuvo esa misma opinión el filósofo.
Simón	En poesía vienen hablando.
Vicio	Y la mía funda en la misma razón todo el arte, a quien primero naturaleza ha de dar fundamento.
Gregorio	Oigo alabar del vulgo, juez grosero, poetas sin arte alguno.
Vicio	Dignos de alabanza son, si de su jurisdicción no sale a ciencias ninguno; porque si quieren hablar en ellas por arrogancia, conócese su ignorancia.
Gregorio	Muchos quieren enseñar lo que jamás aprendieron.
Vicio	Engaño del propio amor; hoy las gracias de Leonor, Gregorio, ocasión me dieron para escribir un romance,

| | y para darle a entender
que, en condición de mujer,
no hay fe que firmeza alcance.

Gregorio   Si le sabes de memoria,
dímelo, ¡por Dios!

Vicio   Sí haré,
que en ella le fabriqué,
pintando su pena y gloria.

Gabriel   ¡Cómo le impide y divierte
porque ni estudie ni arguya!

Vicio   Escucha, ¡por vida tuya!

Gregorio   ¿Cómo dice?

Vicio   Desta suerte:
«Alegres tristezas mías,
si os preguntaren la causa,
responded que sois tristezas,
y veros alegres basta;
porque estar alegre un triste
son dos cosas tan contrarias,
que es yerro en naturaleza,
si no es locura en el alma,
una condición adoro,
tan divinamente humana,
que me da vida con gustos,
y con disgustos me mata.
Tal vez entre sus amores
resucita mi esperanza;
tal vez entre sus desdenes

aún la posesión me falta.
Agradecida y contenta,
amanece con el alba;
tibia y triste al mediodía,
y antes que anochezca ingrata.
Ni sé si vivo o si muero;
que es tan rigurosa y blanda,
que enamorado me olvida,
y enojado me regala.
Cuando vive más segura
de que la adoran mis ansias,
por no agradecer mi amor,
que la olvido me levanta.
Cuando me quedo suspenso
imaginando en sus gracias,
el pensamiento me riñe
como si se viese el alma.
Y plega a Dios, que si pienso
más que en servirla y amarla,
que le dé mi posesión
a quien tuviere esperanza;
pues esperanzas son éstas,
Silvia hermosa, que bastaran,
adonde faltaran obras,
para acreditar palabras.
No sé en qué fundas las dudas
que los tiempos desengañan,
pues la experiencia y los años
son las mejores fianzas.
Hablaba con mis tristezas,
ya mi amor contigo habla,
por hablar con mi alegría,
que sin tus ojos me falta.
Alegre o triste estaré

　　　　　　　　　si me dejas o me llamas,
　　　　　　　　　porque celos son tristezas,
　　　　　　　　　y amores son confianzas.»

Simón　　　　　　　Atento he estado a escuchar
　　　　　　　　　vuestra poesía, y me admira
　　　　　　　　　que sigáis una mentira
　　　　　　　　　tan digna de condenar;
　　　　　　　　　que ese modo de juntar
　　　　　　　　　pasiones con tal rigor,
　　　　　　　　　no es amor, porque el valor
　　　　　　　　　del amor, cuando más tierno,
　　　　　　　　　ha de tener fin eterno,
　　　　　　　　　porque éste es perfecto amor.
　　　　　　　　　 Amor de cosas livianas,
　　　　　　　　　temporales y tan viles,
　　　　　　　　　que, como flores sutiles,
　　　　　　　　　duran las breves mañanas;
　　　　　　　　　amor de cosas humanas
　　　　　　　　　no es amor; la perfección
　　　　　　　　　de amor se funda en razón
　　　　　　　　　de eternidad, donde alcanza
　　　　　　　　　la fe, por justa esperanza,
　　　　　　　　　soberana posesión.

Gregorio　　　　　 Esto es solo ejercitar
　　　　　　　　　el arte del componer,
　　　　　　　　　que no porque esta mujer
　　　　　　　　　se intente solicitar.

Simón　　　　　　　Sí, pero hay donde emplear
　　　　　　　　　la pluma en otra hermosura
　　　　　　　　　que yo conozco, más pura
　　　　　　　　　que el Sol; y si la poesía

| | es dulce, en nadie podría
hallar más gracia y dulzura;
su retrato tengo aquí. |

| Gregorio | Muestra; a ver. |

| Simón | Esta Señora |

(Saque una imagen pequeña del pecho.)

| | es la Emperatriz que adora
el cielo; a tu amigo di
que esta boca, en cuyo sí
estuvo mi bien, alabe
en estilo dulce y grave;
llámela venda de grana,
y rosa que a la mañana
abre el pimpollo suave.
   Dile que a la honestidad
destos ojos, destos soles,
o en latinos o españoles
versos, muestre habilidad;
a esta divina humildad
escriba requiebros tales,
aunque no serán iguales
a sus divinos decoros,
que los canten en sus coros
los pájaros celestiales. |

| Vicio | Simón, nunca supe yo
componer a lo divino;
descomponer imagino
que supe, componer no;
que alguno que ya se vio |

(Aparte.)　　　divino, pudo mi mano
traerle a ser tan humano,
que de puro descompuesto
pasó del extremo honesto
al extremo de liviano.
　Yo descompuse a Luzbel,
tanto, que en injusta guerra,
en el centro de la tierra
di, desde el cielo, con él;
un Rey, a Dios tan fiel,
que se ajustaron los dos,
siendo el corazón de Dios
tan grande, así descompuse,
que lejos de vos le puse
a no haber piedad en vos;
　distes tal ciencia y riqueza
a Salomón, que os servía,
que parece que excedía
la mortal naturaleza;
y toda aquella firmeza
es duda en los hombres ya,
que de siglo en siglo va,
pues de estado tan honesto,
vino a estar tan descompuesto,
que no saben dónde está.
　Yo compusiera, María,
mil alabanzas de vos;
mas con ser Madre de Dios,
descompusistes un día
de tal suerte mi poesía,
que cuando escribo abrasáis;
si por Reina os coronáis
de la Virtud, y soy Vicio,
no es alabaros mi oficio,

                    aunque vos lo merezcáis.
                    Allá Bernardo os alabe,
                    y Damasceno os celebre;
                    vuestro Ildefonso os requiebre,
                    pues os debe lo que sabe;
                    y el paraninfo suave
                    del Ave de Nazarén,
                    con los muchos que en Belén
                    cantaron la gloria al pan,
                    o los hombres a quien dan
                    pan que les sabe tan bien;
                       que yo, Vicio, si en mi esencia
                    no dejo de ser quien soy,
                    ¿qué os debo, pues nunca voy
                    a procurar penitencia?
                    Descompuesta mi paciencia,
                    ¿qué tengo de componer?
                    No basta de envidia arder,
                    pues de Demonio, en razón,
                    para darme ya perdón
                    aún no tiene Dios poder.

(Vase.)

Crispín   No quiso alabarla, y fuese.

Gregorio   No. compone a lo divino.

Simón   Pues yo alabarla imagino,
                 aunque mil veces le pese.

Crispín   ¿Sabes versos?

Simón   Una glosa

	a su limpia concepción.
Crispín	Si la glosares, Simón, aunque muy dificultosa, pienso competir contigo.
Simón	Oíd la copla, que tiene dificultad, y conviene silencio.
Gregorio	Comienza.
Simón	Digo: «En el cristal en quien Cristo bebió mil veces, veneno no se ha de poner, pues lleno de gracia siempre fue visto.»
Crispín	¡Terrible dificultad!
Simón	La Virgen tiene poetas para cosas más perfetas; vaya de glosa, escuchad: «Hizo de puro cristal, Dios, un vaso. en que bebiese su Hijo, tan celestial, que de su pureza huyese el veneno original; en los demás que ha formado desde Adán, siempre fue visto, como era barro heredado, mas nunca estalló el pecado en el cristal en quien Cristo iba el pecado a beber;

y quebróle Dios la boca;
que es Dios, y lo pudo hacer,
que donde la suya toca,
fuera apocar su poder;
   que este vaso cristalino,
aunque de origen terreno,
que no tuviese previno,
donde su Hijo divino
bebió mil veces, veneno;
   fue a miralle y se detuvo
la Culpa, que en este intento,
tan lleno de gracia estuvo,
que nunca el veneno tuvo
de miralle atrevimiento.
   Lleno estuvo, y siempre ameno,
de aquel celestial rocío,
y pues nunca estuvo ajeno
de gracia, della vacío
no se ha de poner, pues lleno;
   a aquella divina esfera
jamás se atrevió ninguno;
que no era bien que tuviera
mancha de veneno alguno
vaso donde Dios bebiera.
   Porque como fue labrado
para que bebiese Cristo,
antes de verle el pecado,
no solo lleno, colmado
de gracia siempre fue visto.»

Crispín   ¡Cuerpo de tal! Pues agora,
                ¿quién glosará? Yo no sé.

Gregorio   El premio, hermano, te dé

                        la misma hermosa Señora.

Simón   Mi padre viene; ya sabes
                        que tengo puesto un altar;
                        vamos los dos a cantar
                        a la Reina de las Aves
                            alguna dulce canción.

Gregorio   ¿Tienes velas?

Simón   Velas tengo.

(Entre Gregorio, el padre.)

Gregorio   A reñirte, Crispín, vengo.

Crispín   Vienes a buena ocasión.

Gregorio   ¿Qué hacías?

Crispín   Estaba oyendo
sermón.

Gregorio   ¿De quién?

Crispín   De Simón;
                        que de su conversación
                        virtud estoy aprendiendo.

Gregorio   Como a toro me has echado
                        la capa, viendo que llego;
                        ¿en qué entiendes? ¿Cómo vives
                        tan bárbaro?

Crispín	Agora veo
que no riñes con razón.
Gregorio	Pues ¿por qué?
Crispín	Porque eres viejo,
y como estos hijos tienes
tan santos, que no hay en ellos
qué reñir, pegas conmigo.
Gregorio	Yo te riño porque puedo
y porque te veo perdido;
¡qué bien pagas el deseo
que tengo de que seas hombre!
Crispín	Eso a mi madre lo debo,
que pudo hacerme mujer.
Gregorio	¿Cómo, dime, en tanto tiempo
apenas sabes latín?
Crispín	¿Latín no? ¡Qué lindo cuento!
No le supo Cicerón
como yo; pregunta luego,
si sabes algo y te acuerdas.
Gregorio	¡Buen ánimo!
Crispín	Yo no temo.
Gregorio	Pues ¿qué quiere decir Sanctus
quoque Spiritus?
Crispín	Pues eso

	un niño se lo dirá.

Gregorio   Veamos.

Crispín   Estáme atento:
ninguno coque a los santos
que le entraron en el cuerpo
espíritus.

Gregorio   ¡Buen romance!

Crispín   No soy docto.

Gregorio   Tienes seso.
Sabes qué quiere decir
parabolam hanc, deseo.

Crispín   Apárame allá esta bola.
¡Mire si latín entiendo!

Gregorio   ¡Famoso interpretador!
Y ¿qué dirá, según eso,
satis est brevis oratio?

Crispín   Que son sastres los que hicieron
las bragas a Horacio.

Gregorio   ¡Bien!

Crispín   Estoy por extremo diestro.

Gregorio   Y ¿qué dirá Confitemini
quoniam bonus?

Crispín	Vas haciendo pruebas de mi ingenio; escucha: estos confites son buenos. ¡Mira qué bello romance!
Gregorio	Es tan bueno, que te quiero enviar al campo desde hoy.
Crispín	Y pienso yo que es lo cierto. Señor, las primeras letras son para los años tiernos, no para mí, porque ya tengo barbado el ingenio; y pues en Móstoles tienes tierras y hacienda, te ruego que asista a labrarlas yo, porque viñas y barbechos más a su labor me inclinan que femina, más que genus. Vea yo cubrir las cepas de hojas y racimos nuevos, desde los pámpanos verdes hasta los pardos sarmientos; vea yo el lagar pisado, teñido de mosto espeso, y cómo en las altas cubas rebosa y hierve sin fuego; vea yo segar los haces, y sobre el bálago seto, ir rechinando los trillos, de los guijarros abierto. Mate, hablando con perdón, el día que hiciere hielo, un puerco de mi tamaño,

                        y como plata con premio,
                        truéquele todo en menudos,
                        morcillas, pies, entrecuestos,
                        cilluerbedas, longanizas,
                        testuz, asadura, sesos,
                        lengua que nunca pecó,
                        manteca, solomos tiernos,
                        pajarilla, chicharrones,
                        y hasta aquello que, por tuerto,
                        no es bueno para virotes,
                        que así lo dice el proverbio,
                        y no me mandes que vaya
                        donde pienso que primero
                        que pueda aprender latín,
                        sabré tudesco o guineo.

Gregorio   Digo que acepto el partido.

Crispín   Los pies mil veces te beso.

Gregorio   Que ¡por vida de Constanza,
                        que me hurtaste el pensamiento!

Crispín   Sí, pero ¿no sabes tú
                        que haciendo el hombre primero
                        Dios, le vio solo y le dio
                        quien le acompañase luego,
                        porque no estuviese solo?

Gregorio   ¿Qué quieres decir en eso?

Crispín   Que me quisiera...

Gregorio   Prosigue.

Crispín	Parecer a Adán.
Gregorio	No, entiendo.
Crispín	Debe de ser que no quieres; que es aquello que aprendemos en el abecé, y después nunca más nos sirve.
Gregorio	Creo que es la letra ka.
Crispín	Pues ca...
Gregorio	Casarte.
Crispín	Casarme quiero, si quieres tú.
Gregorio	Sí querré, cuando se ofrezca sujeto.
Crispín	Ya pienso que está ofrecido.
Gregorio	¿En casa, o fuera?
Crispín	Acá dentro.
Gregorio	¿Quién?
Crispín	Marina.
Gregorio	Si ella quiere,

| | al dote, Crispín, me ofrezco,
             y a Móstoles os iréis
             acabado el casamiento,
             donde viváis con mi hacienda.

Crispín   Vivas más años que un pleito
            en que haya dos relatores.

Gregorio   Entra, y a Constanza hablemos,
            que quiere bien a Marina.

Crispín   Sotana, desde hoy os cuelgo;
            yo me vuelvo a mi labranza,
            porque estudiar sin deseo,
            es tocar lira a un caballo
            y hacer sin ingenio versos.

(Vanse. Entre el Vicio.)

Vicio   No me puedo sosegar;
            pero si yo soy el Vicio,
            no es el sosiego mi oficio,
            porque mal le puede hallar
            un vicioso que ha de dar
            gusto a sus cinco sentidos
            que mal estarán dormidos,
            si no es cuando la pereza
            cierra con mortal flaqueza
            los ojos y los oídos;
               este estudiante
            rapaz se va poco a poco al cielo:
            ¿cómo, vicios, no desvelo
            su quietud, sosiego y paz?
            diréis que soy incapaz de

mirar resplandeciente
de un niño Sol el Oriente;
pues ¿qué haré, si de la mano
le tiene aquel Soberano
que fue la cruz su Occidente?
   Pues en volviendo a la Torre,
de quien penden mil escudos,
¿qué vicios no quedan mudos,
si le defiende y socorre?
Simón tan aprisa corre,
que pienso que le promete
ser Virgen, porque le acete
la Virgen por hijo suyo;
pues, Virgen, si es hijo tuyo,
¿quién hay que no le respete?
¿Quién, estrella de la mar,
se ha de oponer a tus rayos?
Mas ¿de qué sirven desmayos
cuando se ha de pelear?
Vicios, no habéis de culpar
al Vicio; abrid esa cueva,
que todos siete, a tan nueva
conquista sois menester,
que le quiere defender
la que trocó en Ave el Eva.

(Ábranse dos puertas que estén a manera de cueva, y en unas giradas estén los siete Vicios o pecados mortales, tres en una grada, tres en otra, y en lo alto la Soberbia.)

Soberbia   ¿Qué es lo que quieres, Vicio?

Vicio   ¡Qué sentado
               estás, Soberbia, en ese trono! mira

que el capitán que duerme descuidado,
más a la infamia que a la gloria aspira;
aun de Pereza debe ser culpado,
si al ocio del sosiego se retira;
dejad todos la cueva, y con valiente
brazo, guerra mortal a Dios se intente.

Soberbia   ¿Tan bien nos va con ese atrevimiento?

Ira   ¿Parécete que deja Dios su gloria
con tal facilidad a nuestro intento,
o pierdes de sus triunfos la memoria?

Lascivia   Lo general en Dios no es argumento,
que siempre ha de ser suya la victoria;
algunas almas ha perdido el cielo.

Vicio   Agradezco, Lascivia, tu consuelo.
                ¿Quién, sino tú, tan animoso fuera?

Codicia   Cuando el valor que tiene le faltara,
la Codicia que miras se le diera.

Gula   Y yo, faltando todos, no ¿bastara?
mas di: ¿para quién es guerra tan fiera?
¿Qué gigante mortal rayos dispara
contra nosotros? ¿En qué monte viven?
¿Para quién tantas armas aperciben?

Vicio   Vicios ¿no es éste aquel feroz gigante
que venció vuestras varias ilusiones?
Sabed que es un muchacho, un tierno infante.

Soberbia   Pues ¿para un niño tantas prevenciones?

Vicio	¿Queréis que, por ventura, se levante a igualar los magnánimos varones que en la Iglesia de Cristo son colunas, por no torcer en el principio algunas? No debéis de saber de qué manera entra este tierno y varonil soldado en la estacada, en que el laurel espera, del ángel de su guarda acompañado; temo que a la Señora siempre entera, promete, como fue huerto cerrado, ser azucena casta eternamente.
Pereza	¿Tan presto, Vicio, sus favores siente?
Vicio	¿Tan presto tiene pensamientos tales?
Avaricia	Dale un asalto general.
Gula	Lleguemos.
Codicia	Amores tiernos dice a Dios, mentales.
Gula	Si él habla con su cruz, ¿qué ganaremos?
Ira	¡Que tenga pensamientos celestiales un niño en esta edad!
Vicio	Tales extremos me tienen tan cobarde.
Soberbia	Escucha un poco.
Envidia	De verle, a más envidia me provoco.

(Simón entre.)

Simón En este campo estéril,
que cinco fuentes riegan,
por afrentar mis ojos,
que son de piedra en ellas;
en estas soledades,
de dos soles tinieblas,
el uno puesto en sangre,
y el otro en nubes negras;
entre estas secas ramas,
donde tres brazos cuelgan,
cordero a quien mis culpas
causaron tantas penas;
donde dos delincuentes
te acompañan por fuerza,
y yo, que en mis delitos
parezco el que te niega;
aquí, donde una Virgen,
por blancas azucenas
de su divino rostro,
está sembrando perlas,
tan bellas, aunque tristes,
que más fértil de estrellas
la tierra, con el cielo
presume competencia,
escucha, Jesús mío,
mis amorosas quejas,
que de verte y de verme,
el alma las engendra;
mis manos miro libres,
las tuyas miro presas,
aunque para abrazarme

　　　　　　　　los clavos dan licencia.
　　　　　　　　Cuando miro la mía,
　　　　　　　　de vanidades llena,
　　　　　　　　espinas lastimosas
　　　　　　　　tu cabeza penetran.
　　　　　　　　Una atrevida lanza
　　　　　　　　y una amorosa flecha
　　　　　　　　pasan tu corazón,
　　　　　　　　y el mío es hielo y piedra.
　　　　　　　　¡Humíllale, Dios mío,
　　　　　　　　porque humillado tenga
　　　　　　　　el agua de tu gracia,
　　　　　　　　la sangre de tus venas!
　　　　　　　　¡Ay, si podré llegarme
　　　　　　　　con tan graves ofensas!
　　　　　　　　Que sí me dices creo,
　　　　　　　　pues bajas la cabeza.

Vicio　　　　　　¿En esta imaginación,
　　　　　　　　pertúrbale tú, Soberbia?

Simón　　　　　 ¡Ay, Señor, qué pensamientos
　　　　　　　　divertir mi vida intentan!

(Todos detrás de él, y él sin verlos, le hablen, y él responda.)

Soberbia　　　　Si te vieses levantado
　　　　　　　　por santidad y por letras,
　　　　　　　　donde los Reyes de España
　　　　　　　　te honrasen de tal manera
　　　　　　　　que entrases en su palacio;
　　　　　　　　y si vieses una reina
　　　　　　　　a tus pies, Simón, ¿qué harías?

Simón	Besar mil veces la tierra con humildad, porque el justo, honras del mundo desprecia.
Ira	¿Si vieses que te murmuran?
Simón	Tener, con Cristo, paciencia, que en su presencia divina aun sufrió tantas blasfemias.
Lascivia	¿Si te hablasen bellas damas?
Simón	Mirad que es mucho más bella la Castidad.
Codicia	¿Si mirases joyas y grandes riquezas?
Simón	Ver que la mayor de todas es la pobreza contenta.
Gula	¿Si vieses grandes regalos?
Simón	Irme a la divina Mesa, donde da la Iglesia un pan que cielo y tierra sustenta.
Avaricia	¿Y si en oficio te vieses que adquirieses grande hacienda?
Simón	Darla a pobres, que estos bienes son los que al cielo se llevan.
Pereza	¿Si te cansase el trabajo?

Simón	Decir a la carne enferma
que Dios nos mandó velar,
y estar hasta el alba en vela.
Pero ¿quién me mete a mí
en preguntas y respuestas?
Con mis imaginaciones,
mi altar con dos velas queda.
Voy a cantar a la Virgen
mil versos, mil dulces letras,
que solo en ella y su Hijo
los pensamientos sosiegan.
(Vase.)	
Vicio	¿Hay cosa más extraña? ¿Qué os parece
que ha de ser este niño?
Soberbia	Algún gigante
que a las columnas de su templo ofrece
Cristo, y que temo por divino Atlante.
Vicio	Nunca en sus alabanzas enmudece;
agora va a cantar.
Ira	Pues no le cante;
estorba, Vicio, sus canciones luego.
Vicio	Pondré el altar y aun a la casa fuego.
Envidia	Pues no pueden vencerlo tentaciones,
véngate haciendo mal.
Vicio	Si se levanta

                de decir a la imagen sus canciones,
                las velas me darán venganza tanta.

Soberbia   Destos proceden ínclitos varones,
                ilustres héroes de la Esposa santa
                del Cordero.

Vicio   ¿Quién duda que le espera?
                ¡Vicios, muera Simón!

Envidia   ¡Da fuego, y muera!

(Gregorio, el padre, y Constanza.)

Constanza   Ella también tiene gusto
                deste casamiento.

Gregorio   En todo
                querría él buscar el modo
                más conveniente y más justo
                  para despacharlos luego
                a Móstoles, que esa hacienda,
                si no hay quien en ella entienda,
                es como ponerla fuego,
                  y por ser vuestra la estimo.

Constanza   Crispín y Marina son
                a propósito.

Gregorio   Es razón
                que tengan algún arrimo
                  en habiéndolos casado.

Constanza   Con esa hacienda podrán

(Canten dentro:)   vivir, y della tendrán,
  como caseros, cuidado.
  Una niña hermosa
  Virgen celestial,
  a ser fuente nace
  de quien salga el mar.

Gregorio   ¿Quién canta?

Constanza   No sé quién es.

Gregorio   ¡Crispín!

Crispín   ¡Señor!

Gregorio   ¿Quién cantó,
  que en verdad que me agradó?

Crispín   Admírome de que estés
  de saber tan descuidado
  que canta muy bien Simón.

Gregorio   Llámale.

Constanza   En esta ocasión
  debe de estar ocupado
  con la imagen de su altar,
  porque cuando velas tiene,
  a bailar y cantar viene.

Gregorio   Qué, ¿bailar sabe y cantar?

(Simón y Crispín.)

Crispín	Entra, que te está llamando aquí mi señor.
Simón	¿A mí?
Gregorio	¿Cantabas tú?
Simón	Señor, sí; cantando estaba y rezando.
Gregorio	En verdad, que yo y tu madre te habemos de oír.
Simón	Pues ¿quién me ha de tañer?
Crispín	¡Oh, qué bien! Así obedece a su padre; traeré de enfrente, en un salto, los músicos de don Juan.
Simón	¡Oh, qué mal me ayudarán, de voz y de gracia falto!

(Crispín, con los músicos.)

Crispín	Luego, a la fe, los topé.
Gregorio	Simón nos quiere alegrar, y ha de bailar y cantar.
Simón	Haré lo poco que sé, solo por ser obediente.

Músicos	Vos, para todo, Simón, tenéis gracia y perfección.
Simón	Manda que Crispín me aliente, pues lo, sabe hacer.
Crispín	¡Yo!
Simón	Sí.
Gregorio	A coros podéis bailar.
Crispín	Marina me ha de ayudar.
Constanza	Ya viene Marina aquí.

(Adviértase que esté música arriba, la cual ha de tañer y cantar cuando cante Simón, y los músicos que estén en el teatro, tener las manos quedas en los instrumentos, sin tocar hasta que canten y bailen Crispín y Marina.)

Simón
    Zagalejos del prado,
celebrad, cantad,
que ha nacido la fuente
que es madre del mar.
Quiere el mar de Cristo
aguas de cristal,
luego no es posible
que la enturbie Adán.
Érase la sierpe
un fiero animal;
aguas preservadas
veneno le dan.
Zagalejos del prado,
celebrad, cantad,

que ha nacido la fuente
que es madre del mar.

(Crispín ahora, y canten en el teatro.)

    Tus negros ojuelos,
hermosa Leonor,
como están embozados,
matan a traición.
Del negro capote
se ha quejado Amor;
nunca Amor se queja
sin tener razón.
Cúbrelos la noche,
siendo como el Sol;
como están embozados,
matan a traición.

(Sale el Vicio.)

Vicio   ¿Cómo con tanto descuido
estáis, cuando vuestra casa
en fuego se está abrasando?
¿No veis el humo y las llamas,
que exhalan centellas vivas?

Gregorio   ¡Hijos, mi casa se abrasa;
acudamos al remedio!

Simón   ¡Sosiegue, padre! ¡Sagrada
Virgen, madre de la luz,
las dos velas que luz daban
a vuestro retrato santo,
por aquella mano ingrata

cayeron, y han emprendido
nuestro albergue! ¡Soberana
Señora, poned remedio,
pues sois mar de la esperanza!
¡Ave María Santísima!

(Híncanse de rodillas todos.)

Vicio   Solo aquese nombre basta
                 a aplacar llamas eternas.

(Sale el ángel echando Avemarías por bofetón.)

Gregorio   ¡Esta es maravilla extraña!

Simón   Más puede hacer quien la hace;
                 démosle infinitas gracias.

Vicio   No ha aprovechado mi industria;
                 pero mayores hazañas
                 he de emprender, hasta hacerte
                 que de tu entereza caigas.

                 Fin de la segunda jornada

Jornada tercera

(Marina y Crispín, vestidos de boda; Gregorio y Constanza, de padrinos; la música, etc.)

Gregorio	Toda la casa se alegra de ver que tanto lo estás.
Crispín	Yo me alegro mucho más de que me caso sin suegra.
Constanza	Pues ¿a ser desdicha viene?
Crispín	Aunque viniera del Cid.
Marina	Yo sé una calle en Madrid que cuarenta suegras tiene, y que este nombre le dan.
Crispín	Colegio de suegras es; pero, Marina, ¿no ves cómo me he puesto galán?
Marina	El hábito nunca muda a las cosas conocidas.
Crispín	Dios alargue nuestras vidas, no para verte viuda; que ya ves que no es razón.
Marina	Pues qué, ¿quieres que me muera primero?
Crispín	Es pleito en que espera

                    sentencia siempre el varón.
                    ¡Oh, muchacho celestial!
                    ¿Qué has de ser, qué quiere el cielo
                    hacer de tu santo celo
                    y pureza virginal?
                    Hablando, viene, que es tal
                    su devoción, que aun saliendo
                    de la iglesia, está diciendo,
                    sin acabar de salir,
                    lo que no me atrevo a oír,
                    porque le escucho muriendo.

(Simón entre.)

Simón   Celebró Jerusalén
                    del rey Salomón las bodas,
                    y admiráronse sus damas
                    de ver la divina esposa,
                    porque en sus dulces cantares
                    llevó la fama sonora,
                    desde Palestina a Egipto,
                    la corona de su gloria.
                    «¿Quién es aquesta, decían,
                    que, como la Luna hermosa,
                    y escogida como el Sol,
                    aurora al nacer se nombra,
                    como ejército terrible,
                    cuya frente numerosa
                    ordenada resplandece,
                    segura de la victoria?»
                    Yo, si bien rapaz humilde,
                    hallo, divina Señora,
                    vuestra limpia Concepción
                    en su pregunta celosa;

atrevido y disculpado
de hablar en la sacra historia,
responder quiero a las damas,
aunque a los ángeles toca.
Si como aurora María
nace, y los cielos adorna,
claro está que la preserva
el Sol de la negra sombra.
Antes que salga, la mira,
la limpia, ilustra e informa;
que fuera del Sol defecto
si le tuviera el aurora
prevenido el vellocino.
Como pura y limpia rosa,
naciendo el alba, las nubes
llovieron divino aljófar;
ni se manchara el rocío
que el nácar vírgenes dora,
si Dios había de ser
la Margarita preciosa;
en las manchas de la Luna,
las vistas menos devotas
se engañan, porque no advierten
que lo más raro las forma;
en la Luna de María,
humanas partes no asombran,
porque fuera toda Sol
si de allá viniera toda.
Ser toda Dios no podía;
pero como Dios la endiosa
mil siglos antes que nazca,
aquel instante acrisola;
pues si como Sol la escoge,
¿cómo es posible que ponga

defecto en ella quien sabe
que sus rayos la coronan?
Terrible ejército ha sido
vuestra Concepción dichosa,
Virgen, tan bien ordenado,
que no hay orden que le rompa.
Todas juntas, mar de gracia,
hoy a vuestros pies se postran,
y al Sol, a la Luna, al alba,
que nace tan limpia, adoran.
Reyes y reinos os juran;
si un voto falta, no importa;
¡bien haya quien honra y ama,
que quien bien ama, bien honra!

Vicio   ¿Cómo se puede sufrir
esta manera de hablar?
Aún no le puedo inquietar;
mal le podré persuadir.

Simón   ¡Virgen, ya quiero serviros
con voto expreso, que vos
sois la primera cine a Dios
le hicistes!

Vicio   Daré suspiros
que penetren el infierno.

Simón   ¡Virgen, el voto os consagro!

Vicio   Naciste para milagro
del mundo, Cupido tierno.
    Nuevo Amor en esta edad,
consagras a María

	tu limpieza.
Simón	¡Reina mía, recibid mi voluntad! Mas ¿qué es lo que siento allí? ¿Quién llora junto a la puerta? Voylo a ver.
Vicio	La suya abierta tiene el cielo para ti.

(Halle un niño envuelto.)

| Simón | ¡Ay, Dios, qué grave dolor! Niño es, sin duda. ¡Ay, mis ojos! ¿Quién os dio tantos enojos? ¿Quién usó tanto rigor? ¿Quién, mi niño, os puso ansí? ¿Quién os dejó desta suerte? Pero no os dejó a la muerte, que vive la vida aquí; mas piedad usó con vos, que pues no os dejó, la fundo, en los umbrales del mundo, sino en las puertas de Dios. ¡Ay, qué cara y qué inocencia! ¡Ay, que se ríe! ¡Ay, mi Dios! ¡Cuál os considero a vos, soberana omnipotencia, desamparado del Padre, temblando de frío al hielo, sin más abrigo y consuelo que el calor de vuestra Madre! ¡Ah, chiquito! ¡Él da en reír! |

¡Y qué risa tan suave!
Debe de ser que no sabe
que nace para morir.
　¿No sabes adónde estás,
ni en qué mundo, ni en qué gentes?
Ríe en tanto que no sientes;
que en sintiendo llorarás.
　De suerte me has obligado,
que prometo desde aquí
ser de los niños, por ti,
devoto y aficionado.
　Y pues veo en tu alegría,
que es señal de la inocencia,
si llego a edad de prudencia,
ser alegre. ¡Ave María!
Ea, decid, ¿no sabéis
Ave María, chiquillo?
Pero no me maravillo.
Creced, que vos lo diréis.
¡Un papel trae! ¿Qué es esto?
Las letras me lo dirán.
Llámase este niño Juan.
¡Qué lindo nombre le han puesto!
　　¡Juanillo! ¡Ah, Juanillo! ¡Ah, chico,!
¡Ave María, rapaz!

(Entre un sacristán con sobrepelliz y bonete.)

Sacristán　　　Él se ha estado pertinaz,
puesto que por más que aplico
　la vista, no he penetrado
lo que del altar hurtó.
¡Ah, gentilhombre!

Simón	¿Soy yo?
Sacristán	Deje lo que lleva hurtado.
Simón	¡Yo hurtado!
Vicio	¡Oh, qué bien se ha hecho! Hoy ha de ser mi venganza.

(Entre Crispín.)

Crispín	No hay alma en la iglesia ya; cuerpos sí, pero sin alma. ¡Si es aquél!
Sacristán	Desarreboce, señor hidalgo, la cava; sepa que ya le conozco, y sé en los pasos que anda. Cada día viene aquí, y a que la gente se vaya aguarda. ¿Qué es lo que mira? Las lámparas están altas; las sábanas del altar debe de pescar.
Crispín	No haga ese agravio a mi señor.
Sacristán	¡Qué señor! ¡Qué buena lanza! ¿Es otro ladrón como él? ¿Es, por ventura, la caña desta sanguijuela?

Crispín   Advierta
que le daré dos puñadas,
con que no cante en su vida
parees ni kiries.

Sacristán   Pues salgan
los dos de la iglesia luego.

Crispín   ¿Sabe el zote con quién habla?

Sacristán   ¡Zote! ¡Ay! ¡A un hombre ordenado
de Vísperas; por la santa
tribuna, y por los dos fuelles
con que los órganos alzan,
que ha de ir a Roma!

Crispín   Y no es lejos,
pues él la tiene en su casa;
¿qué le hizo este mancebo?

Sacristán   Es ladrón de las sábanas
del santo altar.

Crispín   ¡Miente!

Sacristán   ¿A mí?
¡Aquí de cruces y mangas!

Crispín   Este estudiantico es hijo,
aunque basta ver su cara,
de Gregorio Ruiz.

Sacristán   ¿Qué dice?

Crispín	De Navamuel.
Sacristán	¡Cosa extraña! Es un grande señor mío.
Crispín	Reinosa de la montaña, por hidalgo conocido, le dio su solar y casa; en el valle de Toranzo tuvo su antigua prosapia Constanza de Rojas, madre de quien por ladrón infama; nació en Móstoles, adonde sus abuelos, que Dios haya, compraron campos y hacienda; y consta por cosa clara, de muchas informaciones que han hecho...
Sacristán	El nombre bastaba para tenerle respeto, porque Gregorio y su casa son amparo deste templo; yo acudo siempre a Constanza por todo lo que se ofrece; vile encubrir con la capa no sé qué cosa, y pensé que era de aquéstos que andan a chupar, como lechuzas, más que el aceite, la plata.
Crispín	¿Qué llevas, Simón?
Simón	Crispín,

                        toma aqueste niño y calla;
                        llévale a Marina luego
                        sin replicarme palabra;
                        que me va la vida.

Crispín   Voy
                        que después sabré la causa;
                        adiós, señor sacristán.

(Vase.)

Sacristán   Perdone; así Dios le valga,
                        que no sabía quién era.

Simón   No es la ofensa de importancia.

Sacristán   Mire, ya todo es hurtar:
                        carne y pan con pesas falsas,
                        carbón con piedras y tierra,
                        vino con calderos de agua,
                        y a este paso lo demás;
                        y ¿qué piensa que es la causa?
                        Que comen todo lo bueno
                        los que gobiernan y mandan.
                        Si un cónsul destos bebiera
                        vinagre, era cosa clara
                        que abrasara mil tabernas;
                        bebe ambrosía, néctar y ámbar;
                        ¿cómo ha de saber que beben
                        zupia, veneno, tercianas,
                        dolor de costado, aquellos
                        que el mismo sustento mata?
                        ¡Quédese con Dios!

Simón   ¡Ya, Virgen,
mi vida, bien y esperanza,
os dejo, porque mis padres,
con pena siempre me aguardan!
Pero creedme, que os llevo
tan de veras en el alma,
que antes dejara de ser,
que deje vuestra alabanza.

(Gregorio, don Juan y Bernardo, parientes suyos.)

Don Juan   Tiene Simón tan gran ventura en esto,
que queda remediado como honrado.

Gregorio   Que el canónigo Rojas ha dispuesto
a regresar en él.

Bernardo   Y lo ha tratado
conmigo muy de veras.

Gregorio   Agradezco
lo que siempre con obras me ha obligado;
solo por ser su deudo las merezco,
no por servicios.

Don Juan   Vos merecéis tanto
como a mostrarlo en la ocasión me ofrezco.

Bernardo   El es buen estudiante, y es un santo;
vos le veréis canónigo en Toledo.

Gregorio   No sé su voluntad; no me adelanto;
de mi parte os ofrezco lo que puedo,
como quien lo quisiera en honra tanta;

	de lo que digo, sospechoso quedo.
Bernardo	¿Ser dignidad de aquella Iglesia santa no ha de aceptar?
Gregorio	El modo de su vida, para deciros la verdad, me espanta; hablaréle, señores, y entendida su voluntad, daré respuesta, y creo que será de los dos agradecida.
Don Juan	Por lo menos sabréis nuestro deseo.

(Vanse.)

Gregorio	Puesto quedo en confusión.

(Simón entre.)

Simón	¡Qué breve se pasa el día! ¡Oh, mi padre! ¡Ave María!
Gregorio	Seas bien venido, Simón; que te deseaba hablar y pedirte albricias.
Simón	Yo, de lo que el cielo me dio, ¿qué tengo, señor, que os dar que todo vuestro no sea?
Gregorio	Mucho tu humildad estimo; el canónigo, mi primo, regresar en ti desea;

                    ¡Mira qué renta y qué honor
                    te da el cielo!

Simón   Bien quisiera,
                    por vuestro gusto, que fuera
                    obedeceros, señor.
                        Posible a la hechura vuestra;
                    he hecho voto de ser
                    religioso, y no ha de haber,
                    dure o no la vida nuestra,
                        otro propósito ya.

Gregorio   ¿Fraile quieres ser?

Simón   ¡Señor,
                    es voto!

Gregorio   ¡Extraño rigor!
                    Pero mira que podrá
                        dispensarse, y que no tienes
                    edad.

Simón   Señor, una vez
                    lo dije, haciendo al Juez
                    de los males y los bienes,
                        que desta causa lo sea,
                    y delante de una hermosa
                    Señora, Madre y Esposa
                    del mismo que lo desea;
                        no me puedo desdecir;
                    que a jornada larga o corta
                    lo he de cumplir; si os importa
                    que, como os debo servir,
                        algún tiempo en casa esté,

	ése esperaré no más.
Gregorio	Notables muestras me das de tu piedad, celo y fe; no sé, Simón, lo que pueda responderte. ¡Dios te guarde!

(Vase. Entren Crispín y Marina.)

Marina	Vienes mal y vienes tarde; mucho que sufrir me queda si comienzas por aquí.
Crispín	Y a mí, ¿no me queda nada?
Marina	Pues dime: apenas casada. ¿niño me traes?
Crispín	¡Yo!
Marina	Sí; fueron celos de la tal, viéndote ya con mujer; ¿tú me habías de traer, Crispín, desvergüenza igual? ¿No le llevarás, picaño, a un hospital?
Crispín	Si no fuera el que dado me le hubiera, tan notorio desengaño, pesárame de haber sido instrumento, sin querer, de tu enojo.

Marina	¿A qué mujer esto hubiera sucedido? Vuelve ¡perro! la criatura a la tal por cual, o haré que mi señor...
Crispín	Yo tendré cual la boda la ventura. ¡Aún no he comido los picos de la rosca, y ya me arañan!
Marina	Si otros a éste acompañan, ve por otros cuatro chicos; tráelos todos.
Crispín	Que no sé quién es éste, ¡vive Dios!
Marina	¡Hoy nos matamos los dos!
Crispín	¿Hoy, mi Marina?, ¿por qué?
Marina	¡Perro! ¡Por sayón de Herodes, por buscador de inocentes!
Crispín	Si desa suerte lo sientes, digo que no le acomodes; yo le llevaré a otra parte.
Simón	¿Qué es esto?
Crispín	¿Estabas aquí, y no volvieras por mí?

Simón   ¿Puede Marina culparte
              de mi piedad, si yo he sido
              quien hoy a la puerta halló
              este muchacho?

Marina   Si yo,
              Simón, lo hubiera sabido,
                  no hubiera a Crispín culpado,
              y solo a ti te creyera
              que este niño hallado fuera.

Simón   Ten por cierto que es hallado;
                  hoy a una imagen tomé
              su santo Niño, Marina,
              y aquella piedad divina
              tan agradecida fue,
                  que luego un hijo me dio,
              y a mi madre le he traído.

Crispín   ¿Ves como no te he mentido?

Marina   Estoy tan segura yo
                  de que Simón no mintiera
              por todo el mundo, que quiero
              darte un abrazo.

Crispín   Ya espero.

(Váyanse.)

Simón   ¡Ave María, allá fuera!
                  Virgen, en vuestro vientre santo estuvo
              vuestra alma pura, de más gracia llena

                    que el ángel de más luz; que nuestra pena
                    en vos el golpe original detuvo.
                       El lirio de los valles que entretuvo
                    nueve meses su cándida azucena,
                    si en gracia cría al Ángel, no condena
                    a la Princesa que por madre tuvo.
                       Más que todos los ángeles deciros
                    puedo que la tenéis, si en carne humana
                    nos dais a Dios, aquel dichoso día;
                       que a ellos los crió para serviros,
                    y a vos para su Reina soberana,
                    cuando os dijo Gabriel: «Ave María».

(Entre Gabriel.)

Gabriel   Al eco del dulce nombre
                 vengo a verte.

Simón   No te veo,
                 que no quiere mi deseo
                 que tu presencia me asombre.
                 ¿Cómo quieres que te nombre,
                 cuando con tu claro acento
                 ilustras mi entendimiento?

Gabriel   Un espíritu que inclina
                 a la beldad más divina
                 tu amoroso pensamiento.

Simón   Yo voy, con tu inspiración,
                 fabricando cada día
                 casa en que viva María,
                 cuyos fundamentos son
                 fe, caridad y oración,

porque la virginidad
sola, fuera vanidad;
así Gregorio lo dijo;
y entre estas flores, elijo
la esperanza y la piedad;
   para mayor fundamento,
quiero también la obediencia,
y ésta sé de cierta ciencia
que la hallaré en un convento;
elige mi entendimiento
la Trinidad, Redención
de cautivos.

Gabriel   Todos son
pasos a que Dios te guía.

Simón   Su redención y María
me han dado esta devoción;
   a mis padres quiero hablar,
porque con su humilde ruego
me den el hábito luego.
¡Ay, si me viese llegar
a ver mi pecho adornar
de aquella cruz soberana!

Gabriel   Háblalos, y ten por llana
tu entrada y tu profesión.

Simón   ¡Ay, Dios! Un retrato son
de la redención humana.

Gabriel   Simón, el hábito santo,
de la mano de Dios tiene
esta religión, que viene

        su luz a ensalzarla tanto;
su caridad causa espanto.
El ángel la significa,
empresa que testifica
con su piedad su decoro,
cuando al cristiano y al moro
trocados brazos aplica.
    Aquí, de doctos varones
y mártires soberanos,
para la lengua y las manos
hallarás imitaciones;
parte, y con dulces razones
tus viejos padres consuela.

Simón

Poco mi amor les desvela
respecto del que a Dios tienen;
que el que a sus hijos previenen,
al amor del cielo apela;
   yo voy con la confianza
que tengo de su valor.

(Vase.)

Gabriel

Nace el Sol, y el resplandor,
humilde círculo alcanza;
así darás esperanza
creciendo a la luz que cría
cuando llega el mediodía
sin que nube se levante,
y más llevando delante
a la aurora de María.

(Entren el Vicio y la Ociosidad.)

Vicio	Mal nos va de nuestro intento.
Ociosidad	¿Cómo nos irá más bien, si tiene a su lado quien le alumbra el entendimiento?
Vicio	Con mi pronóstico siento, si él entra en la Trinidad, que su oración y piedad ha de ser mi muerte.
Ocio	Creo que ya le lleva el deseo de matar mi ociosidad.
Vicio	¿Cuándo lo estuvo Simón?
Ocio	En fin, es muchacho, Vicio, y es diferente ejercicio el que hay en la religión; el ayuno, la oración y la obediencia, son cosas que a las almas más ociosas ponen en santa quietud.
Vicio	¡Oh, humildad, santa virtud, que en paz del alma reposas! 　Mucho lleva granjeado Simón para religioso, en ser humilde y piadoso.
Gabriel	¿Quién, Vicios, os ha obligado a alabarle?

Vicio	Tú, que has dado
espíritu celestial,
por aquel Ave imperial
y fénix de Nazarén,
en darle luz para el bien
y en apartarle del mal.
 ¡Qué bien por la Reina entró
para privar con el Rey!
¡Qué bien su sagrada ley
y sus preceptos cumplió!
Dios venerar le mandó
los padres; pues di, ¿qué padre
como Dios, ni a quien más cuadre?
Pues di, ¿qué madre también
para el hombre, como quien
fue de Dios Esposa y Madre?

Gabriel	 Vicios, no habéis de tocar,
hoy que el hábito le espera
de la Trinidad divina,
en el umbral de la puerta.
Ya sus padres han hablado
al Ministro; ya le quedan
vistiendo el cándido manto,
testigo de su pureza;
oíd lo que os digo atentos,
aunque pronóstico sea
y divina profecía,
que Dios de Simón ordena;
intérpretes suyos somos:
para más confusión vuestra
y gloria suya, sabed
que guarda Dios a su Iglesia
en Simón una columna,

un miembro de la cabeza
de su sacra arquitectura,
de su fundamento y piedra;
un Bernardo, enamorado
de su Madre, que merezca,
si no sus pechos, sus brazos
y sus divinas respuestas;
un Ildefonso divino
que predique la entereza
del huerto, siempre cerrado,
donde la pura azucena
aquel divino rocío
vistió de doradas perlas;
en fin, un predicador,
que con su angélica lengua,
cincuenta años a los hombres
predique sus excelencias;
un hombre que sea Bautista
de la Virgen, porque tenga
quien lo señale con Ave
María de gracia llena.
«Veis allí, dijo el Bautista,
el Cordero que a la tierra
viene a perdonar pecados»,
y Simón, «El Ave es ésta
que, como paloma y Madre,
por los pecadores ruega».
¡Raro milagro que a un hombre
no falten palabras tiernas,
requiebros, gracias, virtudes,
conceptos y preeminencias
que decir por tantos años
en el púlpito, en la iglesia,
en la calle y en el coro,

en el altar y en la mesa,
desta soberana Madre
con el honor de doncella;
que si bien son infinitas,
es corta la humana ciencia!
Bien merece que en su boca
naciesen ocho azucenas,
pues que tiene Ave María
ocho soberanas letras.
¡Oh, qué fruto tan divino!
La corte de España espera,
en siglo de tres Felipes,
de la amorosa prudencia
con que será confesor,
trayendo mil almas muertas
en sus vicios, al camino
de la gloria y vida eterna.
¿Qué misericordia santa
en trabajos, muertes, penas,
cárceles, enfermedades,
discordias y competencias,
será la de su alma pura,
hallando todos en ella
consejo, remedio, vida,
paz, salud, descanso, hacienda?
¡Oh, qué de ofensas de Dios
estorba, impide, remedia,
entendiendo pensamientos,
montante de Dios en ellas!
Será su oración notable,
de todo el infierno afrenta,
porque aun en suma vejez
tendrá más que humanas fuerzas
para que todas las noches

en la oración le amanezca,
aunque el trabajo del día
las fuerzas mortales venza.
¡Qué desprecio será el suyo
de las cosas de la tierra!
Dentro y fuera de su casa,
¡qué humildad y qué pobreza!
Por Ministro y Provincial,
religiosas preeminencias,
no habrá diferencia en él
de lo que sin ella era;
y aunque ha de ver a sus pies
a Isabel, de España Reina,
en su trato y humildad
no admitirá diferencia;
será su dichosa vida
setenta y dos años, y ésta
un ejemplo a cuantas almas
el sacerdocio profesan.
Calificará su muerte
su vida, viéndose en ella
el más general concurso
que se haya visto, ni pueda
encarecer lengua o pluma;
pero para afrenta vuestra,
quiero que le imaginéis
en la pintura más nueva
de un jeroglífico sacro
que en estos siglos merezca
amor a la Virgen santa,
que desta manera premia.

(Ábranse dos puertas en medio del teatro, y véase una imagen de la Anunciación, y el padre Rojas de rodillas, con un ramo de ocho azucenas en la boca.)

Vicio   Ni quiero, imaginar en tal pintura,
                 ni es justo que me baste sufrimiento
                 para mirar de un alma hermosa y pura,
                 producido tan alto pensamiento
                 ocho azucenas, con quien fuera oscura
                 la luz del alba, tienen fundamento.
                 En su dichosa lengua, que las cría,
                 las ocho letras son de Ave María.
                    ¡Vamos, Ociosidad, que nunca pienso
                 que fuiste tan ociosa como agora!

Ociosidad   ¡Glorioso es en sus santos Dios inmenso,
                 y más, devotos de tan gran Señora!

Vicio   ¿A quién no admira aquel amor intenso
                 con que la sirve, mira y enamora?
                 ¡Hombres, llamadla hasta el postrero día;
                 que para Dios no hay luz como María!

(Entren sus padres de Simón acompañados de sus deudos y criados.)

Gregorio   No os espantéis de que sean,
                 en esta ocasión dichosa,
                 lágrimas las que del alma
                 salgan a mostrarla toda.
                 ¡No siempre llora la pena,
                 tal vez el contento llora!

Don Juan   Cualquiera demostración
                 en esta ocasión, es corta.

Bernardo	¡Con qué humildad ha tomado
el hábito!

Constanza	 Es una cosa
que ha causado admiración,
y no le ha visto persona
que no diga que ha de ser
un santo.

Gregorio	 El cielo disponga
sus fines de tal manera,
que a sus principios responda.

Crispín	¡Llora, Marina, y confiesa
tus pecados!

Marina	 ¿Por qué agora?

Crispín	Por ver que un niño como éste
en la religión se ponga:
¡Ah, Dios, quién le hubiera visto
antes de tan negra boda,
para camparse con él!

Marina	Y yo fuera la dichosa,
y tú habías de ser fraile.

Crispín	¡No hay cocinas, no hay escobas,
no hay huertas, no hay refitorios,
no hay bacinillas, no hay norias!

Marina	¿Agora lloras?

Crispín	¡Qué quieres! ¿No es esta ocasión piadosa? He criado este muchacho; por eso mis ojos lloran.

(Salga Simón con el hábito de la Santísima Trinidad, en cuerpo, y su corona abierta, y dos religiosos a los lados.)

Religioso	Llegad a pedir su mano, y a vuestros deudos que os honran, dad con humildad los brazos.
Simón	Hoy a vuestros pies se postra esta humilde hechura vuestra.
Gregorio	¡Con su mano poderosa Dios te bendiga, y te haga un gran santo!
Simón	¡Ya, señora, se cumplió vuestro deseo!
Constanza	Hijo, lo que más importa es servir a la del cielo, que deste premio os adorna. Cumplí lo que le ofrecí; lo demás a vos os toca: ¡Dios os haga un grande santo, trasladando esa corona a la del cielo!
Crispín	¿No vuelves la cara a Crispín?

Simón   Reporta
                 los brazos.

Crispín   ¿Cómo los brazos?
                 Aun a besarte provocas.

Gregorio   Esta es la primera parte,
                 Madrid, desta dulce historia.

Simón   Aquí se acaba, senado,
                 La Niñez del Padre Rojas.

LAUS DEO ET MATRI VIRGINI
Si quid dictum adversus fidem, tanquam non dictum, et omnia sub correctione
              S. M. E.

En Madrid, a 4 de enero de 1625

Libros a la carta
A la carta es un servicio especializado para
empresas,
librerías,
bibliotecas,
editoriales
y centros de enseñanza;
y permite confeccionar libros que, por su formato y concepción, sirven a los propósitos más específicos de estas instituciones.
Las empresas nos encargan ediciones personalizadas para marketing editorial o para regalos institucionales. Y los interesados solicitan, a título personal, ediciones antiguas, o no disponibles en el mercado; y las acompañan con notas y comentarios críticos.
Las ediciones tienen como apoyo un libro de estilo con todo tipo de referencias sobre los criterios de tratamiento tipográfico aplicados a nuestros libros que puede ser consultado en Linkgua-ediciones.com.
Linkgua edita por encargo diferentes versiones de una misma obra con distintos tratamientos ortotipográficos (actualizaciones de carácter divulgativo de un clásico, o versiones estrictamente fieles a la edición original de referencia).
Este servicio de ediciones a la carta le permitirá, si usted se dedica a la enseñanza, tener una forma de hacer pública su interpretación de un texto y, sobre una versión digitalizada «base», usted podrá introducir interpretaciones del texto fuente. Es un tópico que los profesores denuncien en clase los desmanes de una edición, o vayan comentando errores de interpretación de un texto y esta es una solución útil a esa necesidad del mundo académico.
Asimismo publicamos de manera sistemática, en un mismo catálogo, tesis doctorales y actas de congresos académicos, que son distribuidas a través de nuestra Web.
El servicio de «libros a la carta» funciona de dos formas.
1. Tenemos un fondo de libros digitalizados que usted puede personalizar en tiradas de al menos cinco ejemplares. Estas personalizaciones pueden ser de todo tipo: añadir notas de clase para uso de un grupo de estudiantes, introducir logos corporativos para uso con fines de marketing empresarial, etc. etc.

2. Buscamos libros descatalogados de otras editoriales y los reeditamos en tiradas cortas a petición de un cliente.

www.ingramcontent.com/pod-product-compliance
Lightning Source LLC
Chambersburg PA
CBHW022120040426
42450CB00006B/786